Matthias Fiedler

Idea del innovador *matching* inmobiliario: Simplificando la gestión inmobiliaria

Matching inmobiliario: gestión inmobiliaria eficiente, simple y profesional gracias a un innovador portal de matching inmobiliario

Pie de imprenta

Primera edición como libro impreso | febrero de 2017
Español (Argentina)
(Publicado originalmente en alemán, diciembre de 2016)

© 2016 Matthias Fiedler

Matthias Fiedler
Erika-von-Brockdorff-Str. 19
41352 Korschenbroich
Alemania
www.matthiasfiedler.net

Creación e impresión:
Vea impresión en la última página

Diseño de portada: Matthias Fiedler
Elaboración del E-book: Matthias Fiedler

Todos los derechos reservados

ISBN-13 (edición en tapa blanda): 978-3-947184-92-7
ISBN-13 (E-Book mobi): 978-3-947184-30-9
ISBN-13 (E-Book epub): 978-3-947184-31-6

Información bibliográfica de la Biblioteca Nacional Alemana: La Biblioteca Nacional Alemana registra esta publicación en la Bibliografía Nacional Alemana. Pueden obtenerse datos bibliográficos más detallados en la siguiente dirección de Internet: http://dnb.d-nb.de.

ÍNDICE

En este libro se explica un concepto revolucionario para un portal internacional (app - aplicación) de búsqueda de inmuebles que calcula el potencial de ventas (mil millones de Euros). Este portal está integrado en un software de gestión inmobiliaria y de tasación de inmuebles (con un potencial de ventas de billones de euros).

Aquí se pueden gestionar, de forma rápida y eficiente, inmuebles para vivienda e inmuebles comerciales, propios o alquilados. Éste es el futuro de la gestión inmobiliaria profesional e innovadora, para los agentes inmobiliarios y los clientes. El *matching* inmobiliario funciona prácticamente en todos los países e incluso en forma transnacional.

En lugar de "acercar" los inmuebles al comprador o inquilino, en el portal de *matching* inmobiliario los interesados son calificados (de acuerdo al perfil de búsqueda) y son cotejados y vinculados con los inmuebles que los agentes inmobiliarios estén gestionando.

ÍNDICE

PREFACIO

En el año 2011 pensé y desarrollé la idea del innovador *matching* inmobiliario que aquí se describe.

Desde 1998 me desempeño activamente en el sector inmobiliario (en gestión inmobiliaria, compra y venta, tasación, alquileres y desarrollo de inmuebles). Entre otras cosas soy corredor inmobiliario (IHK - Cámara de industria y comercio), licenciado en economía inmobiliaria (ADI) y perito en tasaciones de inmuebles (DEKRA), así como miembro de la reconocida Asociación internacional de inmuebles de la Royal Institution of Chartered Surveyors (MRICS).

Matthias Fiedler
Korschenbroich, 31/10/2016
www.matthiasfiedler.net

1. Idea del innovador *matching* inmobiliario: Simplificando la gestión inmobiliaria

Matching inmobiliario: gestión inmobiliaria eficiente, simple y profesional gracias a un innovador portal de *matching* inmobiliario

En lugar de "acercar" los inmuebles al comprador o inquilino, en el portal de *matching* inmobiliario (App - aplicación) los interesados son calificados (de acuerdo al perfil de búsqueda) y son cotejados y vinculados con los inmuebles que los agentes inmobiliarios deben gestionar.

2. Objetivos de los interesados y de los vendedores de inmuebles

Desde el punto de vista de quienes desean vender o alquilar sus inmuebles, es importante hacerlo lo más rápidamente posible y a un buen precio.

Desde el punto de vista de los interesados en comprar o alquilar, es importante encontrar un inmueble que se adapte a sus deseos y que pueda ser adquirido o alquilado velozmente y sin problemas.

3. Modo de proceder actual en la búsqueda de inmuebles

Por lo general, los interesados buscan inmuebles en la región deseada en los grandes portales inmobiliarios de Internet. Allí, después de haber creado un breve perfil de búsqueda, pueden solicitar que les envíen por e-mail una lista con los respectivos links de los inmuebles. Esta operación suele realizarse en 2 o 3 portales inmobiliarios. A continuación, los vendedores son contactados por e-mail. De este modo, los vendedores tienen la posibilidad y la autorización para ponerse en contacto con los interesados.

Los interesados se contactan además con agentes inmobiliarios en la región deseada y les dejan sus perfiles de búsqueda.

En los portales inmobiliarios, los vendedores son tanto propietarios particulares como vendedores comerciales. Estos últimos son, sobre todo, agentes inmobiliarios y, en ocasiones, empresas constructoras, agencias inmobiliarias y otras sociedades inmobiliarias (en el texto se denomina a los "vendedores comerciales" como "agentes inmobiliarios").

4. Desventajas de los vendedores privados / ventajas de los agentes inmobiliarios

Cuando se desea comprar un inmueble de un vendedor privado no siempre está garantizada una venta inmediata, por ejemplo, en el caso de un inmueble heredado puede suceder que los herederos no estén de acuerdo o que falte la declaración de herederos. La venta también puede verse obstaculizada por otros temas legales no aclarados, como por ejemplo el derecho de habitación.

En el caso de inmuebles en alquiler, puede suceder que el propietario particular no haya obtenido las autorizaciones administrativas, por ejemplo, si se debe alquilar un inmueble o superficie comercial como apartamento.

En general, cuando el vendedor/la persona que alquila es un agente inmobiliario, todos los aspectos anteriormente mencionados ya han sido solucionados. Además, normalmente tiene preparada toda la documentación relevante del inmueble (planos, plano de localización, certificado energético, registro catastral, documentación oficial, etc.). De esta forma es posible efectuar una venta o alquiler rápidamente y sin complicaciones.

5. *Matching* inmobiliario

Para lograr una correspondencia rápida y eficiente entre los interesados y los propietarios (que venden o alquilan), en general es importante ofrecer un enfoque sistematizado y profesional.

Esto se produce mediante un procedimiento o desarrollo del Buscar y Encontrar que funciona en sentido contrario entre agentes inmobiliarios e interesados. Esto significa que, en lugar de "acercar" inmuebles al comprador o inquilino, en el portal de *matching* inmobiliario (App - aplicación) los interesados son calificados (de acuerdo al perfil de búsqueda) y son cotejados y vinculados con los inmuebles que los agentes inmobiliarios deben gestionar.

En el primer paso los interesados crean un perfil de búsqueda concreto en el portal de *matching* inmobiliario. Este perfil de búsqueda contiene aproximadamente 20 características. Éstas son algunas de las características fundamentales para el perfil de búsqueda (no es una enumeración completa).

- Región/ código postal/ ciudad
- Clase de objeto
- Tamaño del terreno
- Superficie construida
- Precio de compra/ de alquiler
- Año de construcción
- Piso
- Cantidad de habitaciones
- Alquilado (sí/no)
- Sótano (sí/no)
- Balcón / terraza (sí/no)
- Clase de calefacción
- Cochera (sí/no)

Aquí es importante no dejar características vacías, sino hacer clic o abrir el correspondiente campo de características (por ej., clase de objeto) y seleccionar en la lista las posibilidades/opciones indicadas (por ejemplo, en clase de objeto: departamento, vivienda unifamiliar, almacén, oficina...).

Los interesados pueden crear otros perfiles de búsqueda y existe también la posibilidad de modificar estos perfiles.

Además, los interesados deben ingresar todos los datos de contacto en los campos indicados. Estos son: apellido, nombre, calle, número de casa, código postal, e-mail y teléfono.

En este contexto los interesados dan su conformidad para que los agentes inmobiliarios se pongan en contacto y les envíen información (resúmenes) sobre los inmuebles convenientes.

Asimismo los interesados firman un contrato con la empresa que opera el portal de *matching* inmobiliario.

En el siguiente paso, los perfiles de búsqueda se encuentran disponibles, pero aún no visibles, para los agentes inmobiliarios conectados a través de una interfaz de programación (API - Application Programming Interface) – comparable a la interfaz de programación "openimmo" de Alemania. Aquí debe señalarse que esta interfaz de programación, que es casi la clave de la implementación, debería ser compatible con prácticamente todo el software de gestión inmobiliaria que se encuentra en funcionamiento o garantizar su implementación. Si no fuera así, esto debería posibilitarse técnicamente. Teniendo en cuenta que ya hay interfaces de programación como la mencionada anteriormente "openimmo" y otras, debería ser posible transferir los perfiles de búsqueda.

Los agentes inmobiliarios pueden comparar ahora las propiedades que deben gestionar con los perfiles de búsqueda. Para ello se cargan las propiedades en el portal de *matching* inmobiliario y se comparan y vinculan las respectivas características.

Una vez realizada la comparación se produce una coincidencia indicando el porcentaje correspondiente. A partir de una coincidencia de, por ejemplo, el 50%, los perfiles de búsqueda se hacen visibles en el software de gestión inmobiliaria.

Las características individuales son ponderadas entre ellas (sistema de puntuación), de modo tal que después de la comparación de las características resulta un porcentaje de coincidencias (probabilidad de coincidencia). Por ejemplo, la característica "Clase de objeto" tiene mayor valor que la característica "Superficie construida". Además, pueden seleccionarse ciertas características que el inmueble debe tener (por ej. sótano).

Durante la comparación de las características para el *matching* debería prestarse atención a que los agentes inmobiliarios sólo tengan acceso a las regiones deseadas (reservadas). Esto reduce el trabajo de comparación de datos. Sobre todo porque los correspondientes agentes inmobiliarios trabajan por lo general regionalmente. Es preciso señalar que mediante la denominada "nube" actualmente es posible almacenar y procesar grandes cantidades de datos.

Para garantizar una gestión inmobiliaria profesional sólo los agentes inmobiliarios tienen acceso a los perfiles de búsqueda.

Para ello, los agentes inmobiliarios firman un contrato con el explotador del portal de *matching* inmobiliario.

Una vez realizada la comparación/coincidencia correspondiente tanto los agentes inmobiliarios pueden contactarse con los interesados, como a la inversa. Esto también significa que, si los agentes inmobiliarios han enviado los datos de una propiedad a un interesado, esto es una prueba de su actividad o su derecho a comisión en el caso de una venta o alquiler.

Esto presupone que el agente inmobiliario ha sido encargado por el propietario (vendedor o persona que alquila) a gestionar el inmueble o que hay un consentimiento para que pueda ofertar la propiedad.

6. Áreas de aplicación

El *matching* inmobiliario que aquí se describe es aplicable para la compra y venta de inmuebles comerciales y residenciales. En el caso de los inmuebles comerciales son necesarias características adicionales de las propiedades.

Por parte de los interesados, también es posible, como es muy usual, que un agente inmobiliario actúe por encargo del cliente.

Desde el punto de vista del espacio, el portal de *matching* inmobiliario puede aplicarse prácticamente en todos los países.

7. Ventajas

Este *matching* inmobiliario ofrece grandes ventajas a los interesados que buscan, por ejemplo, una propiedad en su región (domicilio) o si por un cambio laboral, buscan un inmueble en otra ciudad/región.

Sólo deben crear una vez su perfil de búsqueda y recibirán por parte de los agentes inmobiliarios activos en la región deseada, los datos de las propiedades que se adapten a sus necesidades.

Para los agentes inmobiliarios esto ofrece grandes ventajas en lo que respecta a la eficiencia y el ahorro de tiempo en la venta y/o alquiler.

De inmediato tendrán una vista general del potencial de interesados concretos que hay para el inmueble ofrecido.

Asimismo, los agentes inmobiliarios pueden comunicarse directamente con el grupo destinatario relevante que, al haber creado un perfil de búsqueda, se ha formado ideas concretas acerca de su propiedad ideal (por ejemplo, les puede enviar una presentación del inmueble).

Esto mejora la calidad de los contactos con aquellos interesados que saben lo que buscan. Así también se reduce el número de las visitas a los inmuebles y, en consecuencia, todo el período de comercialización de las propiedades que deben ser gestionadas.

Luego de que los interesados visitan la propiedad se produce, como suele suceder, la firma del contrato de compra o alquiler.

8. Cálculo de ejemplo (potencial) – Sólo para departamentos y casas de uso propio (sin considerar departamentos y casas alquiladas o inmuebles comerciales)

Con el siguiente ejemplo queda claro cuál es el potencial del portal de *matching* inmobiliario.

En una zona de influencia de 250 000 habitantes, como la ciudad de Mönchengladbach, hay estadísticamente aprox. 125 000 hogares (2 habitantes por cada hogar). La tasa de mudanzas promedio es de aprox. 10%. Con ello por año se mudan 12 500 familias. El saldo de afluencias y partidas hacia o de Mönchengladbach no se ha tenido en cuenta. De éstas, aprox. 10 000 familias (80%) busca un inmueble para alquilar y aproximadamente 2500 familias (20%) un inmueble para comprar.

Según el informe del mercado inmobiliario del Comité de expertos de la ciudad de

Mönchengladbach, en 2012 se registraron 2613 compras. Esto confirma la cifra anteriormente mencionada de 2500 interesados en comprar. En realidad, serían aún más ya que, por ejemplo, no todos los interesados han encontrado su propiedad. Estimativamente la cifra de los interesados reales, o más concretamente, el número de perfiles de búsqueda sería el doble de la tasa de reubicación promedio de aprox. 10%, es decir 25 000 perfiles de búsqueda. Esto tiene que ver, entre otras cosas, con que los interesados crean varios perfiles de búsqueda en el portal de *matching* inmobiliario.

Un detalle importante es que, según muestra la experiencia, hasta ahora sólo la mitad de todos los interesados (compradores e inquilinos) ha encontrado su propiedad a través de un agente inmobiliario, es decir, un total de 6250 familias. Pero, también de acuerdo a la experiencia, al menos un 70% de todas las familias ha buscado a través de portales inmobiliarios en Internet, en total 8750 familias (lo que corresponde a 17 500 perfiles de búsqueda).

Si en una ciudad como Mönchengladbach el 30% de todos los interesados, es decir 3750 familias (correspondiente a 7500 perfiles de búsqueda), crearan su perfil de búsqueda en el portal de *matching* inmobiliario (App - aplicación), los agentes inmobiliarios conectados podrían ofrecer los inmuebles adecuados a través de los 1500 perfiles de búsqueda concretos (20%) de interesados en compra y los 6000 perfiles de búsqueda concretos (80%) interesados en alquilar, por año.

Es decir, en un período de búsqueda promedio de 10 meses y a un precio de, por ejemplo, 50 € por mes para cada perfil de búsqueda creado por los interesados, resulta entonces un potencial de ventas de 3 750 000€ por año, para 7500 perfiles de búsqueda, en una ciudad con 250 000 habitantes.

En un cómputo aproximado, en la República Federal de Alemania que tiene aproximadamente 80 000 000 (80 millones) de habitantes, esto arroja un potencial de ventas de 1 200 000 000€ (1200 millones de euros) por año. Si en lugar del 30% de los interesados, por ejemplo, el 40% de todos los interesados buscaran su propiedad mediante el portal de *matching* inmobiliario, el potencial de ventas se incrementa a 1 600 000 000€ (1600 millones de euros) por año.

Este potencial de ventas hace referencia sólo a departamentos y casas de uso propio. En este cálculo potencial no se han calculado los inmuebles de alquiler e inmuebles generadores de ingresos en el sector de viviendas, ni tampoco el sector de los inmuebles comerciales.

En Alemania, para una cantidad aproximada de 50 000 empresas en el área de la gestión inmobiliaria (incluyendo las empresas constructoras interesadas, los corredores inmobiliarios y demás sociedades inmobiliarias) con aproximadamente 200 000 empleados y una participación, por ejemplo, del 20% de estas 50 000 empresas que utilicen este portal de *matching* inmobiliario con 2 licencias promedio, a un precio de, por ejemplo, 300€ por mes por licencia, resulta un potencial de ventas de 72 000 000€ (72 millones de euros) por año. Asimismo se debería realizar una reserva regional de los perfiles de búsqueda locales, de este modo, dependiendo del proyecto, puede generarse otro potencial de comercialización importante.

Gracias a este gran potencial de interesados con perfiles de búsqueda concretos, los agentes inmobiliarios ya no deberían actualizar constantemente su banco de datos de interesados (si lo tuvieran). Especialmente, porque la cantidad de los perfiles de búsqueda actuales muy probablemente superará la cantidad de perfiles de búsqueda creados por los agentes inmobiliarios en su banco de datos.

Si este innovador portal de *matching* inmobiliario encontrase aplicación en varios países, por ejemplo, los alemanes interesados en comprar un apartamento de vacaciones en la isla del Mediterráneo, Mallorca (España), podrían crear el correspondiente perfil de búsqueda, y los agentes inmobiliarios de Mallorca podrían buscar el apartamento adecuado y enviárselo por e-mail a los interesados alemanes. Si las descripciones enviadas se encontrasen en español, los interesados podrían traducir los textos al alemán utilizando Internet, algo que hoy en día se realiza rápidamente con ayuda de programas de traducción.

Para poder concretar la coincidencia de perfiles de búsqueda y de los inmuebles que deben gestionarse sin límites idiomáticos, dentro del portal de *matching* inmobiliario se puede realizar una comparación de las respectivas características en base a las características (matemáticas) programadas – más allá del idioma – y asignar luego el idioma correspondiente.

Si se utilizara el portal de *matching* inmobiliario en todos los continentes, el potencial de ventas anteriormente mencionado (solo para interesados en búsqueda) se representaría del siguiente modo a través de este cálculo muy simplificado:

Población mundial:
7 500 000 000 (7500 millones) de habitantes

1. Población en los países industrializados y países muy industrializados:
2 000 000 000 (2000 millones) de habitantes

2. Población en los países en vías de desarrollo:
4 000 000 000   (4000   millones)   de habitantes

3. Población en los países subdesarrollados:
1 500 000 000   (1500   millones)   de habitantes

El potencial de ventas anual de la República Federal de Alemania de 1200 millones de euros con 80 millones de habitantes se calcula aproximadamente con los siguientes factores en los países industrializados, en vías de desarrollo y subdesarrollados.

1. Países industrializados: 1,0

2. Países en vías de desarrollo: 0.4

3. Países subdesarrollados: 0,1

Con esto resulta el siguiente potencial de ventas anual (1200 millones de euros x población (países industrializados, en vías de desarrollo o países subdesarrollados) / 80 millones de habitantes x factor).

1. Países industrializados:

   30 000 millones de euros

2. Países en vías de desarrollo:

   24 000 millones de euros

3. Países subdesarrollados:

   2250 millones de euros

Total: **56 250 millones de euros**

9. Resumen

Con el portal de *matching* inmobiliario que aquí se presenta, surgen ventajas significativas tanto para quienes buscan propiedades (interesados) como también para los agentes inmobiliarios.

1. Los interesados reducen notablemente el tiempo invertido en la búsqueda de inmuebles adecuados pues sólo deben crear su perfil de búsqueda una vez.
2. Los agentes inmobiliarios reciben una vista general de la cantidad de interesados con deseos concretos (perfil de búsqueda).
3. Los interesados reciben sólo inmuebles deseados o adecuados (conforme al perfil de búsqueda), de todos los agentes inmobiliarios (una pre-selección casi automática).
4. Los agentes inmobiliarios reducen el tiempo dedicado al mantenimiento de sus

bancos de datos de perfiles de búsqueda, ya que ahora habrá a disposición una cantidad mucho mayor de perfiles de búsqueda en forma permanente.

5. Debido a que al portal de *matching* inmobiliario solo se conectan operadores comerciales/agentes inmobiliarios, los interesados sólo estarán en contacto con expertos y agentes profesionales.

6. Los agentes inmobiliarios reducen la cantidad de visitas a los inmuebles y, en general, el tiempo de comercialización. Por otro lado, los interesados también reducen la cantidad visitas y el tiempo necesario para concretar un contrato de compra o alquiler.

7. Los propietarios de los inmuebles que se encuentran a la venta o en alquiler también ahorran tiempo. Además, gracias a un alquiler o venta más rápidos, obtienen una ventaja financiera ya que, en el caso de

propiedades en alquiler, tienen un bajo nivel de inmuebles desocupados, y en el caso de inmuebles en venta, reciben el pago de la compra antes.

Con la concreción o implementación de esta idea del *matching* inmobiliario puede lograrse un avance significativo en la gestión inmobiliaria.

10. Integración del portal de *matching* inmobiliario en un nuevo software de gestión inmobiliaria con tasación de inmuebles

El portal de *matching* inmobiliario aquí descrito puede ser, o debería ser, desde el principio un componente esencial de un nuevo software de gestión inmobiliaria – que idealmente debería ser utilizado en todo el mundo. Es decir que los agentes inmobiliarios pueden utilizar el portal de *matching* inmobiliario ya sea en forma adicional al software de gestión inmobiliaria que ya utilizan o, idealmente, utilizar el nuevo software de gestión inmobiliaria que incluye el portal de *matching* inmobiliario.

Mediante la integración de este eficiente e innovador portal de *matching* inmobiliario en el propio software de gestión inmobiliaria se logra una ventaja competitiva única, fundamental para la penetración en el mercado.

Debido a que en la gestión inmobiliaria la tasación de propiedades es y será siempre un componente esencial, es imprescindible que en el software de gestión inmobiliaria se integre una herramienta de tasación. La tasación de inmuebles, con los correspondientes métodos de cálculo, puede recurrir mediante enlaces a los datos/parámetros relevantes de las propiedades ingresadas/creadas del agente inmobiliario. Los parámetros que ocasionalmente se encuentren en falta, deberán ser completados por el agente inmobiliario con sus propios expertos regionales en el mercado.

Asimismo, en el software de gestión inmobiliaria debería existir la posibilidad de integrar las denominadas visitas virtuales a los inmuebles que están disponibles. Esto podría implementarse fácilmente desarrollando, por ejemplo, una App (aplicación) adicional para el teléfono móvil y/o la tablet. Una vez filmada la visita virtual, ésta estaría integrada o incluida automáticamente en el software de gestión inmobiliaria.

Si el eficiente e innovador portal de *matching* inmobiliario se integra en un nuevo software de gestión inmobiliaria junto a la tasación de propiedades, el potencial de ventas se incrementa nuevamente.

Matthias Fiedler
Korschenbroich, 31/10/2016

Matthias Fiedler
Erika-von-Brockdorff-Str. 19
41352 Korschenbroich
Alemania
www.matthiasfiedler.net